Sina Nuêmo

Kinderhoroskop für die Viertgeborene

Sina Nuêmo

Kinderhoroskop für die Viertgeborene

Auf schöpferischer und spiritueller Sinnsuche als Demut und Hingabe

Goldene Rakete Verlag für Belletristik

Imprint
Any brand names and product names mentioned in this book are subject to trademark, brand or patent protection and are trademarks or registered trademarks of their respective holders. The use of brand names, product names, common names, trade names, product descriptions etc. even without a particular marking in this work is in no way to be construed to mean that such names may be regarded as unrestricted in respect of trademark and brand protection legislation and could thus be used by anyone.

Cover image: www.ingimage.com

Publisher:
Goldene Rakete Verlag für Belletristik
is a trademark of
International Book Market Service Ltd., member of OmniScriptum Publishing Group
17 Meldrum Street, Beau Bassin 71504, Mauritius

Printed at: see last page
ISBN: 978-620-2-44457-6

Inhaltsverzeichnis[1]:

[1] Vgl. Liz Green und Astrodienst AG.

I. Der psychologische Typus Ihres Kindes

1. Ein Naturkind

Sie ist ein Kind von zutiefst erdhaftem, beständigem Wesen. Vermutlich wird sie schon von frühester Kindheit an eine lebhafte, sinnliche und gut angepasste Beziehung zur Welt des Konkreten zeigen. Doch sie besitzt auch eine starke Vorstellungsgabe, und so ist es wahrscheinlich, dass zwischen diesen beiden Seiten ihrer sich allmählich entwickelnden Persönlichkeit eine gewisse Spannung besteht. Gerade in Bezug auf diese Spannung könnten ihr das Verständnis und die Unterstützung der Menschen um sie herum sehr helfen. Vermutlich werden Sie feststellen, dass diese stark phantasiebegabte Seite bei ihr sich zunächst in Form von sonderbaren nächtlichen Ängsten oder bösen Träumen zeigt. Auch unerklärliche Befürchtungen ohne sichtbaren äußeren Anlass (manchmal auch zusammen mit Begleitsymptomen wie etwa Hautrötungen oder Magenverstimmungen) könnten auftreten.

Die Ängste sind keineswegs „abnorm“, sondern nur natürlich bei einem inneren Wesen, das zwei sehr verschiedene Begabungen aufweist. Es mag eine ganze Weile dauern, bis sie sich an diese Polarität gewöhnt hat, doch sie wird ihr helfen, sich zu einem vernünftigen und praktisch denkenden Kind zu entwickeln, das auch weiß wie es seine Ideen und kreativen Eingebungen verwirklichen kann. Es wäre ratsam, mit sehr viel körperlicher Zuwendung und Geduld auf alle scheinbar unerklärlichen Ängste bei ihr einzugehen. Je sicherer sie sich in der konkreten Welt fühlt, desto mehr wird sie allmählich auch das Gefühl haben, mit den Ausbrüchen ihrer Innenwelt zurechtzukommen.

Während sie allmählich heranwächst und sich als unabhängiges Wesen zu sehen beginn, ist es besonders wichtig, dass Sie ihr helfen, diese beiden Seiten ihrer Natur zu verstehen. Da ihre Stärken vor allem in den ganz konkreten Lebensbereichen liegen, könnte sie ihre Phantasiebegabung leicht ignorieren. Stattdessen konzentriert sie sich möglicherweise auf körperliche Aktivitäten und darauf, möglichst gute Ergebnisse in der äußeren Welt zu erzielen. Auf die Erfordernisse des Lebens wird sie mit Intelligenz und Geduld reagieren. Sie wird die Notwendigkeit von Disziplin akzeptieren und es früh lernen, persönlichen Verpflichtungen nachzukommen. Die Gefahr dabei ist, dass diese Betonung der materiellen Wirklichkeit zu einem guten Mittel werden kann, die bei ihr sehr rege, aber manchmal bedrohliche Welt der Phantasie zu vermeiden, die in Wirklichkeit dringend Bestärkung und Ausdruck braucht. Sie ist insgeheim eine Träumerin, die aber nach außen hin eher den Eindruck eines aktiven und praktisch denkenden Kindes erweckt. Wahrscheinlich wird sie lange Zeit nicht wissen, welche dieser beiden Seiten ihrer Persönlichkeit wirklich ihre eigene ist. Doch mit dem Verständnis und der Unterstützung der Menschen in ihrer Nähe wird sie im Laufe ihrer Entwicklung lernen, dass beide Seiten gleichermaßen lohnend sind.

Ihr Wesen zeichnet sich auch durch eine vielseitige Sinnlichkeit aus. Wahrscheinlich ist sie schon von klein auf sehr empfänglich für Schönheit und Harmonie. Es ist wichtig, dass sie eine Umgebung erleben kann, in der Ordnung und heitere Ruhe vorherrschend sind. Körperliche Geschicklichkeiten wird sie schnell erlernen, denn ihre Bewegungsabläufe zeigen eine angeborene Koordiniertheit und Eleganz. Sie wird schon früh Spaß und Vergnügen an Musik und Rhythmus finden. Das gilt auch für die Natur – wahrscheinlich hätte sie große

Freude am Umgang mit einem Haustier. Chaos und Aufruhr in der Umgebung könnten sich als äußerst störend für sie erweisen, denn sie neigt zu Angstvorstellungen, die sehr leicht durch jegliche Brüche oder plötzliche Veränderungen ausgelöst werden können. Wenn sie sich ängstlich fühlt, braucht sie zur Wiederherstellung von Ordnung und Selbstvertrauen das zuverlässige Erfüllen häuslicher und schulischer Pflichten.

Gerade durch ihre Beziehung zur physischen Welt kann sie ihr Gefühl der Zuversicht, der Unabhängigkeit und der Sicherheit erneuern. Ist dieser starke Bezug zur konkreten Wirklichkeit erst einmal entwickelt, so wird er ihr helfen, mit all den wilden Befürchtungen und Vorstellungen zurechtzukommen, die sie wohl von Zeit zu Zeit erschrecken. Doch die Mischung muss sanft und ausgewogen sein: Zuviel Disziplin zu früh wird dazu führen, dass sie die innere Welt völlig ausschließt; zu wenig Disziplin wird dazu führen, dass sie sich unwohl, ängstlich und unsicher fühlt.

2. Äußere und innere Welt stoßen zusammen

Da sie höchst empfindsam für alles ist, was um sie herum vorgeht, wird sie schon von klein auf intuitiv die Erwartungen spüren, die Eltern und andere Familienmitglieder bewusst oder unbewusst auf sie richten. Ihr Wesen ist von Natur aus hilfsbereit und gewissenhaft, und daher bemüht sie sich wahrscheinlich besonders, anderen gefällig zu sein. dies ist eine nette Eigenschaft, die ihr unweigerlich Wertschätzung und Zuneigung einbringen wird. Doch sie könnte auch einfach als gegeben hingenommen oder sogar missbraucht werden, wenn man vergisst, dass sie keine kleine Erwachsene ist, sondern ein Kind, das die Zeit zum Spielen braucht. Wenn sie Geschwister hat, so ist sie vielleicht sehr gern dazu bereit, sich um sie zu kümmern. Dabei zeigt sie einen wunderbaren Beschützerinstinkt, der sich auch auf Tiere und Pflanzen erstrecken kann. Doch diese Neigung, sich um andere – und sogar um ihre Eltern – zu kümmern, wenn sie bei ihnen Traurigkeit oder Verärgerung spürt, könnte in Konflikt mit ihrem genauso wichtigen Bedürfnis geraten, die große Vorstellungskraft zu äußern, die in ihrem Inneren arbeitet. Wenn man zu früh zu viel Reife und Disziplin von ihr erwartet, wird sie zweifellos versuchen, dem zu entsprechen und den Menschen in ihrer Umgebung zu geben, was sie brauchen. Dies aber würde ihre beträchtliche kreative Begabung ersticken.

Im Laufe ihrer Entwicklung sind kreative Hobbys von grundlegender Wichtigkeit, um ihr Möglichkeiten zu bieten, sich phantasiehaft selbst auszudrücken und sich emotional abzureagieren. Zeigt sie ein eindeutiges Interesse an einer bestimmten kreativen Tätigkeit, so wäre es eine große Hilfe, wenn sie darin bestärkt würde. Vielleicht zeigt sie eine gute Körperbeherrschung, in der sich ein sportliches oder tänzerisches Talent andeutet, oder vielleicht liebt sie die Natur und sehnt sich danach, sie zu erforschen. Da sie sich wahrscheinlich zu einem zutiefst verantwortungsbewussten und anteilnehmenden Kind entwickeln wird, braucht man wohl kaum zu befürchten, dass sie das Leben und andere Menschen auf die leichte Schulter nehmen wird. Doch es besteht eine echte kreative Begabung, die nicht übersehen werden sollte, weder von anderen noch von ihr selbst. Sie ist ein Kind mit einem sehr vielschichtigen, faszinierenden Wesen und einer seltenen Verbindung praktischer Fähigkeiten mit großer Phantasie.

II. Wesentliche Persönlichkeitsanteile

1. Ein Kind mit dem Bedürfnis nach Zugehörigkeit

Sie ist sich von Geburt an der Tatsache bewusst, dass Menschen keine isolierten Einzelwesen sind. Sie hat instinktiv das Gefühl, zu einer größeren menschlichen Gemeinschaft zu gehören und wird von der Kindheit bis ins spätere Leben Anregung und Unterstützung bei anderen suchen. Schon von klein auf wird sie glücklich sein und aufblühen, wenn sie in Gesellschaft vieler Menschen ist – auch wenn sie sich mit ihren eigenen Spielsachen, Interessen oder Freunden beschäftigt. Wie sehr sie auch momentan von irgendeiner Sache begeistert sein mag, das Gefühl, von einer harmonischen Gruppe umgeben zu sein, ist eine grundlegende Voraussetzung für ihr seelisches Wohlbefinden. Deshalb wird eine Atmosphäre der Kälte und Distanziertheit innerhalb der Familie sie sehr viel stärker bedrücken als andere Kinder. Ganz gleich, vor welchem finanziellen oder sozialen Hintergrund sie aufwächst, sie ist von Natur aus frei von Intoleranz und Sippschaftsdenken. Selbst wenn man innerhalb der Familie versuchen wollte, ihr eng gefasste Wertvorstellungen zu vermitteln, wird sie sich davon freimachen, wenn sie älter wird und mit unfassenderen Vorstellungen in Berührung kommt. Sie wird sich ihre Freunde gemäß ihren eigenen Vorlieben und Abneigungen suchen, statt darauf zu achten, ob sie „der richtige Umgang“ für sie sind. Die Eltern und andere Familienmitglieder sollten auf ihre von Natur aus freundliche Einstellung zu anderen vertrauen, denn in dieser Hinsicht könnten viele Erwachsene eine ganze Menge von ihr lernen.

Sie liebt es, in allen möglichen Situationen neue Menschen kennenzulernen – im Zug, im Flugzeug, in einem Geschäft oder Restaurant, in der Schule oder im Urlaub. Oft wird man beobachten können, dass sie mit fremden Menschen ein Gespräch beginnt, und in der Regel wird sie diejenige sein, die eine Freundschaft mit einem anderen Kind anknüpft. In der Schule wird sie sich sehr gesellig zeigen und überaus beliebt sein, einfach weil sie so ungewöhnlich liebenswürdig ist. Sie wird keine Feindseligkeiten oder Aggressionen auf sich ziehen, weil sie selbst nichts Derartiges empfindet. Auch bei Lehrern und Freunden der Familie wird sie sehr beliebt sein, denn sie ist freundlich und höflich gegen jedermann und wird nur dann Schwierigkeiten machen, wenn andere verletzend oder aggressiv sind. Deshalb wird sie während ihrer ganzen Kindheit viele Freunde haben, obwohl sie möglicherweise immer wieder schnell über diese Freunde hinauswächst und sie durch andere ersetzt. Meist wird sie die Gesellschaft selbst oberflächlicher Menschen dem Alleinsein vorziehen. Sie liebt das Gefühl der Zusammengehörigkeit und wird sich die innerhalb der Familie und später innerhalb einer Gruppe Gleichaltriger vorherrschenden Gewohnheiten, Regeln und Einstellungen schnell zu eigen machen. Sie verstellt sich nicht, um beliebt zu sein, sondern sie fühlt sich wirklich glücklicher und wohler, wenn sie mit anderen harmoniert. Sie ist so geübt darin, sich harmonisch in eine Gruppe einzufügen, dass zuweilen schwer zu erkennen ist, was sie wirklich denkt und fühlt. Doch ihr sanftes Wesen, ihre Fairness und ihr tief empfundenes Gefühl für den Wert anderer Menschen sind nicht aufgesetzt, um Liebe und Anerkennung zu bekommen. Es sind durch und durch echte Eigenschaften, die den Kern ihres Wesens ausmachen.

2. Die Kunst, sich in anderen zu spiegeln

Sie neigt dazu, sich ihre Ansichten über das Leben in einem geistigen Prozess herauszubilden, der sie ständig mit den Meinungen anderer vergleicht. In der frühen Kindheit mag sich dies in einer besonderen Aufmerksamkeit gegenüber allen Stimmungen und Äußerungen der Eltern zeigen, ganz als wäre sie eine Schauspielerin, die auf ihr Stichwort wartet. Wenn sie älter wird, fragt sie vielleicht ständig ihre Eltern, Geschwister und Freunde, was sie denken – soll sie diese Schuhe anziehen, jenes Weihnachtsgeschenk aussuchen, sich in der Schule für ein anderes Thema entscheiden? Sie braucht ständig Rückmeldungen und wird ihre Fragen und Probleme wohl kaum für sich behalten. Das kann ein großer Vorteil sein, denn auf diese Weise haben die Eltern und die übrige Familie reichlich Gelegenheit, an der Entwicklung ihrer Gedanken und Wertvorstellungen teilzunehmen. Doch manchmal mag es auch den Anschein haben, als ob ihr inneres Gefühl der eigenen Identität nicht genügend ausgeprägt sei, als ob sie erst den Spiegel befragen – d. h. die Reaktionen anderer erkunden – müsste, ehe sie weiß, was sie wirklich denkt und fühlt. Sie ist weder schwach noch passiv. Doch um sich bei einer Entscheidung wohl zu fühlen, möchte sie erst eine allgemeine Übereinstimmung herstellen. Dabei wird sie instinktiv versuchen, die ausgewogenste und am wenigsten störende Haltung einzunehmen. Wahrscheinlich braucht sie sehr viel Ermutigung, um ihre wirklichen Gedanken und Gefühle zu äußern. Es wird Zeiten geben, zu denen ihr Bemühen, umgänglich zu sein, sich nicht mit ihren eigenen starken Gefühlen und persönlichen Bedürfnissen verträgt. Vielleicht versucht sie um des lieben Friedens willen, so manche ganz gesunde Wut zu unterdrücken. Das könnte zu einem ausweichenden Verhalten in ihrem Umgang mit anderen führen. Man sollte ihr

Selbstvertrauen aufbauen und bestärken – nicht durch unbegründete Schmeicheleien, sondern durch eine echte Wertschätzung ihrer eigenen Ideen und Gefühle. Je früher ihr die Eltern diese Unterstützung bieten, desto besser. Ihre Fairness, Höflichkeit und Anständigkeit sind wunderbare Eigenschaften – eine Freude für jeden, der mit ihr in Berührung kommt. Doch vielleicht unterschätzt sie sich selbst und misst den Bedürfnissen und Wünschen Anderer zu große Bedeutung bei. Auf diese Weise könnte sie nur allzu leicht von Menschen schikaniert und manipuliert werden, die aggressiver sind als sie.

3. Ein sympathisches Wesen, das die Einsamkeit fürchtet

Sie besitzt ein liebevolles und sympathisches Wesen. Auch in sehr jungem Alter wird sie einfühlsam und fürsorglich auf die Bedürfnisse anderer eingehen. Sie wird wissen, wann die Eltern müde oder unglücklich sind, und vielleicht kümmert sie sich ganz rührend um jüngere Geschwister und Haustiere. Sie braucht andere Menschen, und sie braucht auch das Gefühl, dass andere sie brauchen – selbst wenn das bedeutet, dass sie ihre eigenen Gefühle ignoriert. Sie fürchtet sich so sehr vor Einsamkeit und Isolation, dass sie aus kleineren Symptomen wie etwa einer Magenverstimmung eine richtige Krankheit machen kann, wenn man sie vernachlässigt oder zu lange allein lässt. Im Laufe ihres Heranwachsens wird sich ihr Mitgefühl zu der Fähigkeit entwickeln, intuitiv genau zu verstehen, was andere wollen und brauchen. Daher besitzt sie ein angeborenes Verhandlungsgeschick und kann innerhalb einer Gruppe sehr gut als Vermittlerin fungieren – sei es innerhalb der Familie oder im Freundeskreis. Sie neigt auch dazu, alles furchtbar persönlich zu nehmen. Da Beziehungen das wichtigste in ihrem Leben sind, kann sie schon der kleinste Riss im Netzwerk emotionaler Kontakte sehr bekümmern und ängstigen. Vermutlich gefällt es ihr gar nicht, wenn man ihren Geschwistern allzu viel Aufmerksamkeit schenkt – wie sehr sich die Eltern auch um Gerechtigkeit bemühen mögen -, denn in ihren Augen ist jede scheinbare Begünstigung ihrer Geschwister gleichbedeutend mit weniger Liebe ihr gegenüber. Wenn sie Angst hat oder sich abgelehnt fühlt, neigt sie sehr dazu, sich anzuklammern, zu schmollen oder launisch zu sein. Doch sie ist nicht von Natur aus egoistisch oder gierig und will auch wirklich niemanden verärgern. Vielleicht müssen sich die Eltern besondere Mühe geben, um ihr zu helfen, etwas objektiver zu werden. Denn nur so kann sie unterscheiden, ob sie jemand wirklich verletzen will oder ob einfach nur eine Entscheidung notwendig war, die im Gegensatz zu ihren eigenen Bedürfnissen steht. Schließlich neigt sie auch dazu, jede Kritik oder Ermahnung – wie gut sie auch gemeint sein mag – als böse Verletzung aufzufassen, die fast einem Weltuntergang gleichkommt. Jegliche Bestrafung oder Disziplinierung muss ruhig und gerecht ausgeführt werden. Sie wird nicht ohne weiteres verstehen, dass sie den Zorn ihrer Eltern einfach nur deshalb auf sich ziehen kann, weil sie vielleicht auch einmal einen schlechten Tag haben. Soweit menschenmöglich, sollte man ihr stets die gleiche Freundlichkeit und Güte entgegenbringen, die sie auch selbst an den Tag legen kann.

4. Es ist unangenehm, ein Einzelwesen zu sein

Sie mag andere Menschen nicht nur, sondern sie verwandelt sich richtiggehend in sie. Ihre Empfänglichkeit für die emotionale Stimmung in ihrer Umgebung ist so groß, dass sie wahrscheinlich schon sehr früh die Meinungen, Gefühle und Gewohnheiten anderer Familienmitglieder nachahmt. In ihrer chamäleonhaften Art wird sie die gleiche Neigung auch dann zeigen, wenn sie längere Zeit mit anderen Menschen zusammen ist, die nicht unmittelbar zur Familie gehören. Verbringt sie das Wochenende mit den Großeltern, einer Tante oder einem Freund der Familie, so stellen die Eltern bei ihrer Rückkehr möglicherweise fest, dass das Kind, das sie zu kennen glaubten, eine ganze Reihe völlig neuer Verhaltensweise zeigt. Sie ist eine Art lebendes Sammelbecken für das kollektive Bewusstsein der einzelnen Familienmitglieder. Ihre vereinten Wertvorstellungen und Gefühle kommen in ihren Handlungen und ihrer emotionalen Reaktionsweise zum Ausdruck.

Das soll nicht heißen, dass sie keine eigene Identität besitzt; doch sie steht instinktiv in einer seelischen Verbindung zu anderen, die sie unbedingt aufrecht erhalten will. Die Gefahr einer wütenden Auseinandersetzung oder der Isolation ist sehr bedrohlich für sie. Vielleicht verbirgt sie ihre eigenen inneren Bedürfnisse nicht nur, sonder weiß darüber hinaus nicht einmal, dass sie – abgesehen von jenen, die der allgemeinen emotionalen Stimmung innerhalb der Familie entsprechen – überhaupt irgendwelche eigenen Bedürfnisse hat. Im Laufe ihres Heranwachsens wird sie eine Persönlichkeit entwickeln, die flexibel und tolerant genug ist, um andere auf einer sehr tiefgreifenden Ebene zu verstehen. Man wird sich immer darauf verlassen können, dass sie auf die Probleme anderer sympathisch und einfühlsam reagiert.

Doch vielleicht ist sie manchmal viel nachsichtiger und anpassungsfähiger, als für sie selbst gut ist. Vielleicht verschenkt sie allzu schnell ein geliebtes Spielzeug oder sonst einen Gegenstand, nur weil ein anderes, lautstärkeres Kind darauf besteht. Möglicherweise lässt sie auch zu, dass ihr die Geschwister die Schuld für den Unfug in die Schuhe schieben, den sie selbst gestiftet haben, und leidet dann lieber still, als dass sie einen Verlust an Nähe zu ihnen in Kauf nehmen würde. Manchmal hat sie einen etwas verlorenen Blick in den Augen, als trage sie die ganze Last aller menschlichen Traurigkeit auf ihren Schultern. Tatsächlich erlebt sie in gewisser Hinsicht die unausgesprochene Trauer und Verwirrung anderer als ihre eigene, und das macht sie sowohl zutiefst verletzbar als auch sehr einfühlsam. Daher wird sie wohl im Laufe ihrer Entwicklung einige wichtige Lektionen über Realismus und Selbstsicherheit lernen müssen.

5. Es gibt eine größere menschliche Gemeinschaft

Sie lebt in dem angeborenen Gefühl, dass jeder zu ihrer Familie gehört. Sie ist außerdem klug und gewandt und lernt wahrscheinlich schon sehr früh, sich überraschend flüssig auszudrücken. Die Kommunikation mit anderen Menschen ist ein starkes und grundlegendes Bedürfnis für sie – das Gefühl der Nähe zu anderen wird sie hauptsächlich durch Worte und Ideen herstellen. Für sie ist es sehr wichtig, dass sich die Familie für ihre geistige Entwicklung interessiert und sie darin bestätigt. Am glücklichsten fühlt sie sich in einer lebhaften Atmosphäre, in der die einzelnen Familienmitglieder offen miteinander sprechen und alles Mögliche untereinander diskutieren, seien es wichtige oder nebensächliche Dinge. In einer engstirnigen Umgebung ohne viel geistigen Austausch wird sie sichtlich dahinwelken. Sind es die Eltern nicht gewohnt, ihre Gedanken und Gefühle untereinander auszutauschen, so wäre es sehr hilfreich, wenn sie es ihr zuliebe lernen würden. Man muss sich Zeit nehmen für ihre Bemühungen, Worte und Ideen zu formulieren, denn sie wird sichtlich aufleben, wenn sie das Gefühl hat, dass die Menschen in ihrer Nähe wirklich daran interessiert sind, was sie denkt und macht. Sprechen Sie mit ihr über ihre Hausaufgaben, zeigen Sie ihr Bücher, und machen Sie sich die Mühe, ästhetische, schöne Dinge wie etwa Gemälde, Musik und Tanz mit ihr zu teilen, denn ihr Geist schätzt alles Schöne und Verfeinerte. Besonders wichtig ist, dass Sie ihr die bestmögliche Erziehung bieten, auch wenn dies innerhalb der Familie bisher nicht als besonders wichtig angesehen wurde. Ihre lebhafte Neugierde dem Leben und den Menschen gegenüber sollte niemals unterdrückt werden, weder durch eine Art umgekehrten Snobismus – „Wir sind Arbeiter, keine Intellektuellen, also bilde dir ja nichts ein!“ – noch infolge eines heimlichen Neidgefühls – „Wir selbst hatten weder

Zeit noch Geld für so etwas, und was für uns gut genug war, ist auch für dich gut genug!". Sie braucht sehr viel Bewegungsfreiheit auf der geistigen Ebene, viel Gelegenheit, um neue Kontakte zu knüpfen und Freundschaften zu schließen, und alle Möglichkeiten, um die weite Welt außerhalb des elterlichen Heims zu erkunden.

6. Allgemeine Zustimmung ist wichtig

Sie wünscht sich Struktur und Ordnung, und sie braucht die Zustimmung und Anerkennung der Menschen in ihrer Nähe. Am zufriedensten ist sie, wenn sich ihr Leben vor einem festen, beständigen Hintergrund abspielt – sorgsam eingehaltene Abläufe und möglichst wenig Veränderung in ihrer materiellen Umgebung sind ihr sehr wichtig. Das verlangt jedoch nicht nach harter, teilnahmsloser Disziplin, denn sie besitzt ein offenes, aufnahmebereites Wesen, und eine derartige Behandlung würde sie auf lange Sicht unglücklich machen. Trotzdem braucht sie genaue Vorgaben sowie das Gefühl, die richtige Rolle innerhalb der Familie und, später, innerhalb der Hierarchie ihrer Schulfreundinnen einzunehmen. Wird sie plötzlichen oder chaotischen Zuständen in ihrer Umgebung ausgesetzt, so wird sie sich wahrscheinlich in sich selbst zurückziehen und ängstlich werden. Dann tröstet sie sich still mit kleinen Ritualen wie z. B. regelmäßig wiederkehrenden Aufgaben, die sie erledigt, oder mit etwas, das sie besonders gern isst, weil diese symbolischen Handlungen ihr ein Gefühl der Sicherheit geben. Möglicherweise entwickelt sie auch allzu früh ein etwas übertriebenes Selbstvertrauen, weil sie andere nicht enttäuschen will.

Bestärkung und Anerkennung von den Eltern braucht sie besonders für Aufgaben, die sie gut erledigt hat. Da sie sich wahrscheinlich schon früh als recht verantwortungsbewusst erweisen wird, könnten die Eltern versucht sein, sich darauf zu verlassen, dass sie sich um jüngere Geschwister kümmern oder bestimmte Aufgaben im Haushalt übernehmen wird, ohne ihr die entsprechende verdiente Anerkennung zu Teil werden zu lassen. Man sollte sie nie einfach als gegeben hinnehmen, denn sie wird sich sehr bemühen, den Erwartungen anderer gerecht zu werden, um sich sicher zu fühlen – vielleicht erscheint sie nach außen hin viel selbständiger, als sie sich wirklich fühlt. Ist eine Bestrafung oder Ermahnung nötig, so sollte dies immer in Ruhe und objektiv geschehen und auch begründet werden. Steht eine wesentliche Veränderung im häuslichen Bereich an, sollte man ihr viel Zeit lassen, um sich an alle Brüche in ihrer Umgebung zu gewöhnen – bereiten Sie sie in einem solchen Fall also rechtzeitig vor. Obwohl sie schon recht früh Verantwortung übernehmen kann, ist sie sich innerlich ihrer selbst nicht ganz sicher. Deshalb braucht sie dringend eine stabile Umgebung und die Zustimmung anderer. Wird sie in der Kindheit ausreichend unterstützt, so wird sie sich sicherer fühlen und besser in der Lage sein, mit den unvermeidlichen Überraschungen des Lebens zurechtzukommen.

7. Ein Kind, das die Menschen wirklich mag

Ihre große persönliche Anziehungskraft geht auf ihr angeborenes Gefühl der Verwandtschaft mit allen Menschen zurück. Alle Beziehungen sind ihr überaus wichtig, und das kommt nicht einfach nur daher, dass sie anderen gefallen will; vielmehr zeigt sich darin ihr angeborenes Gefühl, zur großen Familie der Menschheit zu gehören – sie ist überzeugt davon, dass erst der Austausch mit anderen Menschen das Leben lebenswert macht. Da sie sich leicht in jede Gruppe oder Gemeinschaft einfügt, der sie angehört, mag es den Anschein haben, als sei sie schwer zu fassen. Sie wird selten Ideen oder Gefühle äußern, die allzu individuell sind und andere befremden könnten. Im Laufe ihres Heranwachsens wird eine Zeit kommen, in der das Leben von ihr verlangt, ihre eigenen Wertvorstellungen zu bestimmen. Immer wieder einmal wird sie sich vor die für sie sehr unangenehme Aufgabe gestellt sehen, sich selbst treu zu bleiben und von der Gemeinschaft missbilligt zu werden. Ist sie wütend oder fühlt sie sich in die Enge getrieben, so kann sie genau wie jedes andere Kind schwierig und rebellisch werden. Doch man sollte bedenken, dass solche Episoden meist eine längere Phase der Ängstlichkeit nach sich ziehen und ihr Bedürfnis nach Sicherheit weiter steigern. Konfliktsituationen lassen ihre tiefste Angst wach werden: die Angst davor, isoliert zu sein. Sie ist von ihrem Wesen her tolerant und anständig. Sie mag die Menschen und wird daher immer versuchen, eine diplomatische Lösung zu finden. Folglich könnte sie leicht die Rolle der Schiedsrichterin und Vermittlerin übernehmen, wenn Familienmitglieder oder Freunde miteinander streiten. Individuelle Anerkennung bedeutet ihr letztlich weniger als die sichere und beglückende Erfahrung, eine Rolle im Leben anderer zu spielen. Für sie ist es wichtig, dass es überall auf der Welt Menschen gibt, die sie als Freund begrüßen.

8. Ein insgeheim äußerst individualistischer Geist

Hinter ihrer liebenswürdigen und geselligen Persönlichkeit verbergen sich viele stark individuelle Eigenschaften, die sie wahrscheinlich schon von klein auf unterdrücken wird, um sich ihr Gefühl der Zusammengehörigkeit mit anderen zu bewahren. Diese verborgene Seite ihres Wesens kann sich in Wutausbrüchen oder wiederkehrenden Phasen aggressiven oder unsozialen Verhaltens äußern, die ihrem gewöhnlichen Wesen völlig fremd zu sein scheinen. Vermutlich fällt es ihr hinterher schwer, über diese Ausbrüche zu sprechen, ja vielleicht versucht sie sogar, die Verantwortung dafür abzuwälzen, indem sie die Schuld ihren Geschwistern oder einem Phantasie-Spielkameraden zuschiebt, der all das störende und destruktive Verhalten verkörpert, das sie selbst nicht äußern kann. Obwohl sie sich der Bedürfnisse anderer besonders deutlich bewusst ist, hat sie insgeheim vielleicht das Gefühl, etwas Besonderes zu sein und es zu verdienen, im Mittelpunkt zu stehen – nur wagt sie es nicht, dies zu zeigen. Im Laufe ihres Heranwachsens mag es recht schwer für sie werden, die verborgene Individualistin in sich mit der Neigung zu vereinbaren, den Wünschen der Menschen nachzukommen, an denen ihr gelegen ist. Auch wenn die Eltern nicht versuchen sollten, diese stärker selbstbezogenen Impulse zu dämpfen, wird sie sie wahrscheinlich selbst unterdrücken, weil sie befürchtet, sie könnten sie den Menschen entfremden, die sie liebt. Doch wenn sie solche Gefühle in sich begräbt, kann sie leicht Schübe der Rastlosigkeit und Ängstlichkeit erleben oder jene Kinder zutiefst beneiden, die in ihrem Selbstausdruck freier sind als sie. Hier können die Eltern helfen, indem sie sie dazu ermutigen, ihre Gefühle und Wünsche offener zu zeigen, anstatt sich ständig Gedanken darüber zu machen, ob sie damit nicht irgendjemanden verletzen könnte. Da sie ein so liebenswürdiges Wesen besitzt, könnte man leicht annehmen, sie habe keine solchen „egoistischen“ Bedürfnisse. Doch ihr individualistischer Geist ist eine große Stärke, die in Einklang mit ihren eher geselligen Eigenschaften gebracht werden muss, damit sie das rechte Gleichgewicht zwischen sich selbst und den anderen finden kann. Dann wird sich auch im Laufe ihrer Entwicklung das Gefühl bei ihr einstellen, dass sie etwas Einzigartiges, Wertvolles, Eigenes zu der Gruppe oder Gemeinschaft beitragen kann, die für sie so wichtig ist.

9. Missbilligung riskieren lernen

Ihre verborgene Seite ist stärker, individualistischer und eigenwilliger, als es die Eltern und andere Familienmitglieder vielleicht wahrhaben wollen. Diese Eigenschaften werden im Allgemeinen durch ihr einfühlsames Eingehen auf andere, durch ihre echte Freundlichkeit und ihr Harmoniebedürfnis überdeckt. Eigentlich stellt die Zweiseitigkeit ihres Wesens eine überaus kreative Verbindung dar, denn sie besitzt nicht nur ein besonders liebenswürdiges und freundliches Wesen, sondern auch viel Kraft und Mut. Diese Eigenschaften bedürfen jedoch möglicherweise der Förderung durch Eltern, die ihre Vielseitigkeit verstehen und nicht erwarten, dass ihr Kind immer nur gehorsam und gefällig ist. Sie ist so fein auf die Bedürfnisse anderer eingestimmt und so sehr auf ein Gefühl der Zusammengehörigkeit angewiesen, dass sie im Laufe ihres Heranwachsens Gefahr läuft, sich ein Deckmäntelchen immer währender Freundlichkeit zuzulegen, unter dem sich einige sehr starke, wenn auch unbewusste Gefühle wie Wut, Ärger und Rebellion verbergen. Das soll nicht heißen, dass ihre normalerweise recht angenehme Persönlichkeit eine absichtliche Verstellung ist. Doch vielleicht lernt sie im Laufe ihrer Entwicklung, sie wie eine Tarnkappe aufzusetzen, wenn sie befürchtet, dass ihre zerstörerischen Gefühle an die Oberfläche kommen und andere befremden könnten. Sie muss wirklich lernen, die Missbilligung anderer zu riskieren und ihre eigenen Bedürfnisse und Vorstellungen ehrlich, klar und deutlich zu äußern. Hoffentlich wird sie dann feststellen, dass die Menschen, die sie lieben, ihr mit der gleichen Fairness begegnen, die sie sonst ihnen gegenüber zeigt. Obwohl ihre Gabe, Frieden zu stiften, echt ist und von den Eltern und anderen Familienmitgliedern zweifellos sehr geschätzt wird, muss man ihr manchmal auch erlauben, provozierend und schwierig zu sein.

Dann muss eben zur Abwechslung jemand anders den Schiedsrichter spielen.

10. Ein hingebungsvolles Kind

Sie ist im Innersten erdverbunden, solide, vernünftig und der Welt gut angepasst, in der sie sich befindet. Doch wenn sie heranwächst, wird ein Wesenszug in ihr zum Vorschein kommen, der sie rastlos nach etwas streben lässt, das über das gewöhnliche Alltagsleben hinausgeht. Sie mag eine ungewöhnliche Fähigkeit der Hingabe an alle Menschen und Dinge zeigen, an denen ihr gelegen ist – seien es die geliebten Eltern, Geschwister, Freunde, Freundinnen oder Haustiere. Ihre Fähigkeit, sich von ganzem Herzen einer Sache zu widmen, die außerhalb ihrer selbst liegt, ist außergewöhnlich für einen so jungen Menschen. Während ihres ganzen Lebens wird sie das Gefühl brauchen, dass ihre Existenz über die Befriedigung ihrer eigenen Bedürfnisse hinaus noch einen tieferen Sinn hat, und in den frühen Lebensjahren wird sich diese Sinnsuche wahrscheinlich als Demut und Hingabe äußern. Sobald sie das Schulalter erreicht, könnte sich ihre Geistesart darin zeigen, dass sie sich sehr stark engagiert, z. B. indem sie sich für den Sündenbock der Klasse oder für die Rechte anderer Schüler einsetzt, die von einem Lehrer oder von der Schulleitung ungerecht behandelt wurden. Für sie gilt Liebe nur etwas, wenn sie sich als aktiver Dienst an dem geliebten Menschen äußert, und ihre instinktive Vorstellung davon, was gut ist, verlangt nach guten Taten, nicht nur nach guten Absichten. Trotz ihrer gesunden Wünsche und ihrer Wertschätzung für die angenehmen Dinge des Lebens wird der Geist, von dem sie sich leiten lässt, immer nach einer Wirklichkeit suchen, die jenseits der materiellen Realität liegt.

11. Auf die innere Stimme hören

So besitzt sie ein faszinierendes und vielfältiges Wesen, das zwei sehr starke Extreme in sich birgt – eine intensiv emotionale und instinktive Seite sowie ein aktives schöpferisches und spirituelles Leben. Im Erwachsenenalter werden sich diese beiden Pole ihres Wesens wahrscheinlich am schönsten äußern, wenn sie sich ganz und gar einer Berufung hingibt, bei der sie etwas Praktisches zum Leben beitragen kann, das auch ihren tief empfundenen Idealen entspricht. Doch während der Kindheit mag es ihr sehr schwerfallen, zwei so gegensätzliche Wesenszüge miteinander zu vereinbaren, weil ihre Ideale noch nicht ausgeformt sind und weil sie einige Zeit brauchen wird, um ihre starken instinktiven Bedürfnisse beherrschen zu lernen. Sie braucht Stabilität und Struktur in ihrer materiellen Umgebung, doch zugleich braucht sie auch die Freiheit, um mit ihrer Phantasie und ihrem fragenden Verstand sowohl die inneren als auch die äußeren Welten zu erforschen. Je mehr die Eltern und Familienangehörigen ihr helfen können, ihre innere Gegensätzlichkeit zu erkennen und beide Seiten zu schätzen, desto zuversichtlicher wird sie sowohl ihre Erdverbundenheit als auch ihre angeborene Spiritualität äußern. Was ihr vielschichtiges Wesen im Innersten zusammenhält ist ihre Hingabe an das Leben und ihre tiefe Fähigkeit zu Liebe und Treue – kostbare Eigenschaften, die niemals ausgenützt werden sollten. Wer das Glück hat, von ihr geliebt zu werden, wird diese Eigenschaften zu schätzen wissen.

12. Ein Hang zur Selbstüberhöhung

Obwohl sie sich gerne – und am liebsten auf praktische Art und Weise – anderen widmet, ist sie insgeheim dennoch sehr individualistisch und muss sich selbst ausdrücken können. Sie besitzt eine ganz private Phantasiewelt, in der sie die Hauptdarstellerin oder, besser gesagt, die einzige Darstellerin ist; die anderen sind lediglich Entsprechungen ihrer eigenen Bedürfnisse und existieren einzig und allein zu deren Befriedigung. Diese ausgesprochen egozentrische Seite ist jedoch keineswegs bloßer „Egoismus"; vielmehr spiegelt sich in ihr das Gefühl der eigenen Besonderheit, das einen wichtigen Ausgleich zu ihrer Neigung bietet, sich selbst aufzuopfern und den Bedürfnissen anderer zu entsprechen. Ihre heimliche Selbstüberhöhung hat etwas großartig Theatralisches, durch das sie mit den archetypischen Kräften in Berührung kommt, die im Leben wirksam sind. Folglich geschieht in ihrer Phantasiewelt alles in einem überlebensgroßen Maßstab, wobei sie immer diejenige ist, die alle heldenhaften Auftritte übernimmt. Sie ist eine Prinzessin oder von göttlicher Herkunft; sie hat ein großes, einzigartiges Schicksal, das sie von allen anderen Kindern unterscheidet; sie wird nicht auf immer an die Grenzen der alltäglichen Realität gebunden sein, sondern eines Tages in ihrer Phantasiewelt sein, denn in zahllosen Sagen und Märchen stürzt der junge Held oder die junge Heldin den bösen Tyrannen. Solche Vorstellungen gleichen das Gefühl der Eingeschränktheit aus, das sie zuweilen verspürt, wenn sie sich der äußeren Welt und den Bedürfnissen anderer anpassen muss. Diese verborgene Seite ihrer Persönlichkeit – so grandios sie auch zu sein scheint – ist etwas sehr Positives und kann sie davor bewahren, ausgenützt zu werden, und ihr – richtig integriert – ein gefestigtes Selbstwertgefühl vermitteln. Das Gefühl der eigenen Einzigartigkeit, das sich in diesen Tagträumen äußert, ist die Vorstufe zu dem tiefen Gefühl eines persönlichen Schicksals, das ihrem Leben Sinn und Bedeutung verleihen kann, während sie heranwächst.

13. Man muss sich auch selbst wichtig nehmen

So steckt eine heimliche kleine Exhibitionistin in ihr, die sich nach Bewunderung, Aufmerksamkeit und einer besonderen, erhöhten Stellung im Leben sehnt. Sie hat ein intensives, eigenwilliges Wesen, doch sie befürchtet, egoistisch und schlecht zu sein, und hat Angst vor der Ablehnung jener Menschen, von denen ihr Gefühl der eigenen Sicherheit abhängt. Doch wenn sie ihren feurigen und dramatischen Geist nicht äußert, wird sie unter einem tiefen Neid auf andere Kinder, dem Gefühl der eigenen Minderwertigkeit und einem Verlust an Selbstvertrauen zu leiden haben. Ihr Ärger über die sich selbst auferlegte Sklaverei könnte sich in wiederkehrenden, sehr unschönen und störenden Ausbrüchen äußern. Gelegentlich sollte sie auch prahlen und angeben können, ohne sich gleich die Missbilligung und Kritik der Eltern und Familienangehörigen zuzuziehen. Um dies zu ermöglichen, muss sie zumindest zeitweise das Gefühl haben, von den Erwartungen der Familie – besonders den unbewussten – frei zu sein und als ganz gewöhnliches, gelegentlich auch einmal ungezogenes Kind geschätzt zu werden. Sie braucht großzügiges Lob und Bewunderung, ohne dass man ihr wegen dieses Wunsches Schuldgefühle einflößt. Das wird ihr helfen, sich der Herausforderung durch ihr äußerst vielschichtiges Wesen zu stellen. Wenn sie dann älter wird und allmählich auf das Erwachsenenalter zugeht, wird sie anderen und sich selbst gegenüber ehrlicher sein können und die sehr verschiedenen aber gleich starken Seiten ihres Wesens auf eine überaus positive Art und Weise miteinander verbinden, die ihr Leben bereichert.

III. Emotionale Bedürfnisse und Beziehungen

1. Bleibt nah bei mir!

Ganz im Einklang mit ihrer zutiefst humanitären Grundhaltung, ist das größte Bedürfnis von ihr, in ihren Beziehungen zu anderen Menschen, sich mit ihnen emotional vereint zu fühlen. Ihr Verlangen danach, sich emotional gebunden und sicher zu fühlen, ist so groß, dass sie zu wirklich theatralischem Schmollen und bühnenreifen Wutanfällen fähig ist, wenn sie sich isoliert fühlt oder die elterliche Zuneigung mit Geschwistern teilen muss. Sie ist im emotionalen Bereich äußerst aufnahmebereit und feinfühlig. Sie stellt ihre Beziehungen zu den Menschen, die sie liebt, durch ein zartes Gewebe nonverbaler Zeichen und Signale her, dass ohne Unterlass emotionale Botschaften übermittelt und aufnimmt. Eine heitere, angenehme Atmosphäre, liebevolle Blicke und Gesten, eine sanfte Tonlage und eine bejahende Körpersprache sind weitaus wichtiger als Worte, um Kontakt zu halten. Sie wird immer versuchen, die unausgesprochenen Zeichen zu lesen, die ihr zu verstehen geben, dass sie willkommen ist und gebraucht wird. Abstand und Distanziertheit in Beziehungen sind verletzend und bedrohlich für sie, und wahrscheinlich braucht sie viel emotionale Bestätigung, auch wenn sie dies kaum offen einfordern wird. Eher wird sie versuchen, die Bedürfnisse der anderen zu erspüren und sich ihnen zu nähern, indem sie auf deren Gefühle eingeht und hofft, dass sich der gleiche Vorgang auch bei ihnen abspielt. Sie braucht auch Treue und das Gefühl, beschützt zu werden, und gerade dies wird sie auch jedem Menschen anbieten, an dem ihr gelegen ist.

Sie braucht so dringend emotionale Nähe, dass sie auch ihre eigenen Bedürfnisse übersehen oder unterdrücken könnte, um so zu werden, wie sie die Menschen haben wollen, die sie liebt. Möglicherweise ist es nicht leicht, sie dazu zu bewegen, ihre wirklichen Gefühle zu äußern. Sie ist nicht nur liebevoll und nachgiebig – sie versteht auch instinktiv, welch große Macht man durch die eigene Selbstaufopferung über die Herzen anderer ausüben kann. Sie mag sich zuweilen stark anklammern, immer hungrig nach Liebesbezeugungen, und kann vielleicht kaum allein sein, ohne ängstlich zu werden und sich zu fürchten. Da sie in ihrer Bewunderung für die Menschen, die sie liebt, im höchsten Maße idealistisch ist, mag sie so manche Enttäuschung erleben, einfach weil sie von den Eltern, Familienangehörigen und Freunden oder Freundinnen allzu viel erwartet – auch wenn sie in anderer Hinsicht sehr realistisch ist. In allen ihren Beziehungen wird sie lernen müssen, anderen und auch sich selbst Bewegungsfreiheit zuzugestehen, und wahrscheinlich braucht sie sehr viel Ermutigung, um ihre eigenen Gefühle zu behaupten. Ihre Bereitschaft, anderen entgegenzukommen und den Einklang zu wahren, ist eine wunderbare Eigenschaft, die sie allerdings leicht zum Opfer emotionaler Ausbeutung durch andere machen könnte.

Vor allem braucht sie das Gefühl emotionaler Zusammengehörigkeit, und sie wird immer versuchen, das magische Erlebnis des Einsseins mit den Menschen zu erfahren, die sie liebt und braucht. Natürlich kann niemand für unbegrenzte Zeit mit einem anderen Menschen verschmolzen bleiben, denn es liegt in der Natur des Menschen, Getrenntheit ebenso zu brauchen wie Nähe. Auch sie braucht gelegentlich den Freiraum, ihren eigenen Gedanken nachzugehen und sich in ihrer eigenen Identität zu bestimmen, obwohl sie diese Freiheit wahrscheinlich eher für sich selbst in Anspruch nehmen wird, als sie den

Menschen zuzugestehen, die sie liebt. Doch ihr zutiefst mitfühlendes emotionales Wesen verleiht ihr die Weisheit, zwischen dem subtilen, aber sehr realen Gefühl eines gegenseitigen Austausches und jener demonstrativ pflichtbewussten Selbstaufopferung zu unterscheiden, die oft für Liebe gehalten. Ein solcher gegenseitiger Austausch kann nicht künstlich durch praktische Gesten oder verbale Liebeserklärungen hergestellt werden, hinter denen sich eigentlich Kälte und Desinteresse verbirgt. Ihr instinktiv weises Herz wird echte Liebe immer erkennen und darauf reagieren – auch wenn sie nicht rund um die Uhr zu haben ist.

2. Der Vater als Verkörperung von Struktur und Ordnung

Sie sieht ihren Vater als eine Verkörperung von Struktur, Ordnung und Dauerhaftigkeit, als Gebieter der unveränderlichen Gesetze und Gebote des Lebens, die ihr ein Gefühl der Sicherheit und Kontinuität geben können. Dieses Bedürfnis nach einem Vater, der ein Vorbild weltlicher Stärke ist, wird sich, solange sie noch so klein ist, vor allem in ganz konkreten Formen äußern – sie wird die regelmäßige und zuverlässige körperliche Anwesenheit ihres Vaters und eine väterliche Autorität brauchen, die ihr das dringend benötigte Gefühl der Sicherheit gibt. Doch wenn sie heranwächst, wird dieses Bedürfnis allmählich eine tiefer gehende Seite aufweisen – ein Gefühl emotionaler Beständigkeit, das ebenso wichtig ist wie praktische Zuverlässigkeit. Natürlich kann kein Vater, wie arbeitsam und verantwortungsvoll er auch sein mag, ununterbrochen und eisern konsequent sein, und es mag Zeiten geben, zu denen sich ihr Vater nicht gerade besonders solide und zuverlässig fühlt. Außerdem könnten es Umstände wie Konflikte innerhalb der Familie oder berufliche Zwänge mit sich bringen, dass Vater und Tochter weniger gemeinsame Zeit zur Verfügung haben, als ihnen lieb wäre. Doch es kommt auf die Qualität der Beziehung an, und nicht darauf, wie oft und wie lange man sich sieht. Selbst wenn eine Trennung nur unregelmäßige Besuche erlaubt, ist es wichtig, dass diese Zeiten sich durch ein Gefühl der Kontinuität und des Vertrauens auszeichnen. Da ihr Vater ihr als ein Symbol all dessen erscheint, was im Leben sicher und zuverlässig ist, könnte sie ängstlich werden und sich abgelehnt fühlen, wenn der Vater sich nicht die Mühe macht, sie zu ermutigen und ihr dabei zu helfen, mit dem Leben zurecht zu kommen. Am meisten braucht sie von ihrem Vater das Gefühl, dass er immer da sein wird, ganz gleich, was geschieht, und dass er seinen Prinzipien – und seiner

Tochter – treu bleiben wird, ganz gleich, welches Chaos in der Außenwelt auch ausbrechen mag.

Natürlich wird dieses Bedürfnis nach starker väterlicher Autorität unweigerlich dazu führen, dass sie gerade gegen das anrennt, was sie am meisten braucht. Während sie dieses mächtige archetypische Bild der Stärke und Selbständigkeit allmählich verinnerlicht, wird sie ihren eigenen Willen an dem des Vaters messen und vielleicht auch die Werte ihres Vaters für eine Weile ablehnen müssen, um zu beweisen, dass sie unabhängig ist und Entscheidungen alleine treffen kann. Es ist sehr wichtig, dass ihr Vater auf solche Phasen nicht mit Wut oder Rückzug reagiert, denn sie empfindet tiefen Respekt und Bewunderung für ihn, auch wenn sich diese Bewunderung als Widerstand gegen die väterliche Autorität äußert. Da diese Beziehung so wichtig für ihr sich entwickelndes Gefühl innerer Stärke ist, wird sie wahrscheinlich versuchen, dem Bild zu entsprechen, das sie von ihrem Vater hat – das heißt, sie will selbständig sein und alleine zurecht kommen können. Auf der emotionalen Seite der Beziehung mag es Schwierigkeiten geben, wenn ihr Vater nicht versteht, wie wertvoll und wichtig seine Gegenwart für seine Tochter ist. Es wäre mehr als traurig, wenn sich Vater und Tochter voneinander entfernen würden, weil beide fälschlich glauben, der bzw. die andere würde ihn bzw. sie ablehnen. Der Vater sollte bereit sein, die Tatsache zu akzeptieren, dass ein gewisser Widerstand gegen seine Autorität einfach dazugehört, wenn seine Tochter ihn liebt und braucht; dann wird sie nicht nur in der Lage sein, auf ein inneres Bild von ihrem Vater aufzubauen, das ihn als Verkörperung von Zuverlässigkeit und Stärke zeigt, sie wird auch größeres Vertrauen zu den Männern entwickeln können, die später in ihr Leben treten. Außerdem werden dem Vater alle Bemühungen um eine beständige emotionale Verbindung zu seiner Tochter auch dabei helfen, neue innere Kräfte in sich selbst zu entdecken.

3. Die Mutter als Märchenprinzessin

Sie empfindet eine besondere Wertschätzung für die Anmut und Freundlichkeit ihrer Mutter, die für sie eine gütige, schöne Frau ist. Auch wenn ihre Mutter sich müde, gestresst und alles andere als anmutig und schön fühlt, wird sie versuchen, freundlich, höflich und mit einem rührenden Beschützerinstinkt auf ihre Bedürfnisse und Wünsche einzugehen. Außerdem wird sie alles tun, um sowohl der Liebling ihrer Mutter als auch ihre Beschützerin zu sein, und, wenn auch verdeckt, so doch sehr heftig mit seinem Vater und gegebenenfalls mit ihren Geschwistern um die Liebe und Aufmerksamkeit ihrer Mutter konkurrieren. Da sie sich so sehr darum bemüht, ihre Mutter nachzuahmen, könnte es ihm schwerfallen, eine eigene, individuelle Weiblichkeit zu entwickeln. Auch wenn ihre Mutter innerhalb der Familie schwere Verantwortung trägt und wenig Zeit hat, charmant oder bezaubernd zu sein, wird sie in ihr immer eine liebliche, verfeinerte Prinzessin sehen, die nur vorübergehend und aufgrund höherer Gewalt die Rolle des Aschenputtels spielt. Ihre geheimste Vorstellung von ihrer Mutter weist einen märchenhaften Hauch von Erlesenheit und Schönheit auf. Daher neigt sie, wenn er älter wird, wahrscheinlich dazu, die Eigenheiten, die Kleider, das Make-up oder die Frisur ihrer Mutter nachzuahmen und dabei auch eine gewisse Eifersucht an den Tag zu legen, die an die Redensart erinnern mag, dass Nachahmung die ernsteste Form der Schmeichelei ist. Die Rivalitäten, die sie ihrer Mutter gegenüber wahrscheinlich an den Tag legen wird, müssen einfühlsam aufgenommen und als das gesehen werden, was sie sind: nicht als Versuch, die Mutter zu verletzen und zu demütigen, sondern als der tiefe Wunsch, möglichst so zu sein wie ihre Mutter.

So muss jede Phase der Feindseligkeit gegenüber ihrer Mutter im Lichte ihrer tiefen Bewunderung für sie als Symbol idealer Weiblichkeit gesehen werden – besonders dann, wenn sie mit verschiedenen Mitteln versucht, die Beziehung ihrer Eltern zu stören. Es ist besonders wichtig, dass ihre Mutter sich dieser Tatsache bewusst ist und sich nicht von ihrer eigenen Unsicherheit dazu verleiten lässt, auf die aufkeimende Weiblichkeit ihrer Tochter eifersüchtig zu sein oder sich bedroht zu fühlen. Sie braucht sehr viel liebevolle Ermutigung, um ihre eigenen Gefühle, Werte und Vorlieben zu entwickeln, und es wäre besonders hilfreich für sie, wenn sie ihre Eifersucht auf ihre Mutter äußern dürfte, ohne dafür offen oder mit subtilen Mitteln bestraft zu werden. Trotz ihrer Konkurrenzgefühle ist ihre Treue zu ihrer Mutter sehr tief, so dass sie sich bei allen Konflikten innerhalb der Familie instinktiv auf die Seite ihrer Mutter stellen wird. Doch ihre Mutter muss auch in der Lage sein, ihrem Wunsch nach der Zuneigung ihrer Tochter die Tatsache gegenüberzustellen, dass auch ihre Treue und Liebe zu anderen Familienmitgliedern – vor allem zu ihrem Vater – wichtig ist und Geltung hat. Die starke Zuneigung zwischen Mutter und Tochter kann wunderbar heilsam und bestärkend für beide sein. Doch man sollte sie – sei es vorsätzlich oder unbewusst – nie in Konflikte zwischen den Eltern hineinziehen, weder als Beschützerin noch als Rivalin ihrer Mutter. Die Mutter sollte in den manchmal turbulenten Gewässern der frühen Lebensjahre ihrer Tochter mit äußerstem Feingefühl navigieren; dann könnte sie schließlich auch Vertrauen zu sich selbst fassen; und es würde ihr auch helfen, tiefe und dauerhafte Freundschaften mit anderen Frauen einzugehen. Vielleicht teilen Mutter und Tochter künstlerische Interessen miteinander und haben ähnliche Vorlieben, und vermutlich orientiert sie sich auch bei der Entwicklung ihrer ästhetischen und sozialen Werte an ihrer Mutter. Weil diese Beziehung in so vieler Hinsicht wunderbar und erfüllend sein kann, wird jede Bemühung beider Eltern um besondere Sorgfalt und Aufmerksamkeit reich belohnt werden.

IV. Ängste und Unsicherheiten

1. Die Angst davor, missverstanden zu werden

Obwohl die Welt des Gefühls die eigentliche Grundlage ihrer Realität darstellt, empfindet sie auch ein tiefes Bedürfnis nach geistigem Austausch mit anderen Menschen. Dieses Bedürfnis ist für sie so notwendig wie das Atmen. Sobald sie etwas fühlt, denkt, sieht oder wahrnimmt, muss sie es irgendwie mit anderen teilen, denn trotz ihrer deutlich erkennbaren Bemühungen um Selbstbehauptung braucht sie insgeheim die Rückmeldungen anderer, um sich sicher zu fühlen. Doch ihr Bedürfnis nach anderen als Spiegel ihrer Meinungen und Ideen birgt ein existentielles menschliches Dilemma, dessen sie sich instinktiv bewusst ist: Zur Entwicklung und Ausformung ihrer Weltanschauung braucht sie die Bestätigung durch andere, und dabei ist ihre Angst vor ihrem Urteil ebenso groß wie ihr Bedürfnis nach Kommunikation. Wenn sie älter wird, mag sie ihre innersten Gedanken nur noch widerstrebend äußern. Sie befürchtet, für dumm gehalten zu werden, und zeigt sich möglicherweise in der Entwicklung ihrer schulischen und sozialen Fähigkeiten auf unerklärliche Weise unbeständig – nicht, weil es ihr an Intelligenz fehlen würde, sondern weil sie befürchtet, ihre Äußerungen und Gedanken könnten verspottet oder zu hart beurteilt werden. Vielleicht versucht sie ihre Angst auszugleichen, indem sie sich allzu sehr bemüht, redegewandt und klug zu sein, und möglicherweise schützt sie ihre Verletzbarkeit, indem sie sich in das sichere Reich des Computers und des geschriebenen Wortes zurückzieht, um die gefährliche Welt der menschlichen Interaktion zu vermeiden.

Im Zusammenhang mit ihrer Bildung mögen sich einige Fragen und Schwierigkeiten ergeben. Dabei ist sehr wichtig, dass bestimmte Probleme, die sie vielleicht in der Schule hat, nicht als mangelnde Fähigkeit gedeutet werden, denn sie besitzt mehr als genug geistigen Scharfsinn. Doch selbst wenn sie schon sehr früh gut und viel lernt, könnte ihre tiefe Angst davor, ihre Gedanken und Gefühle in Worte zu fassen, zu einem merkwürdigen Mangel an Spontaneität führen. Kommunikation ist so überaus wichtig für sie, dass ihre Unsicherheit in diesem Bereich eine unmittelbare Entsprechung ihres Bedürfnisses ist. Daher ist es von größter Wichtigkeit, dass ihr zu Hause eine Umgebung ist, in der sie Freude am Lernen und Kommunizieren haben kann, ohne dass ständig hervorragende akademische Leistungen von ihr gefordert werden. Legt man allzu großen Wert auf besondere schulische Errungenschaften, so könnte das ihr ohnehin etwas wackeliges Selbstbewusstsein untergraben. Dann wird sie dem Druck entweder durch scheinbare „Langsamkeit" hartnäckig widerstehen oder sich auf Kosten anderer, ebenso wichtiger Seiten ihrer sich entwickelnden Persönlichkeit allzu stark darauf konzentrieren, besonders klug zu sein. Es ist sehr wichtig, dass die Kommunikation innerhalb der Familie möglichst frei und offen ist. Sie hat ein sehr feines Gespür für die verbalen Tabus, die es in Familien gibt – etwa, wenn bestimmte Dinge nie erwähnt werden dürfen oder Schweigen oder Geheimnistuerei als Mittel benutzt werden, um neugierigen Kindern gegenüber die eigene Autorität zu wahren. Um ihren Ängsten zuversichtlicher begegnen zu können, braucht sie das Gefühl, dass sie sich selbst äußern darf, ohne bestraft oder abgelehnt zu werden.

2. Die Herausforderung menschlicher Interaktion

Sie könnte ganz bestimmte Verteidigungsmechanismen entwickeln, um ihre Angst davor zu beschwichtigen, dass andere sich über sie lustig machen oder sie dumm finden könnten. Vielleicht wehrt sie sich gegen das schmerzliche Gefühl der eigenen Schüchternheit und Minderwertigkeit, indem sie ein arrogantes und überlegenes Verhalten kultiviert; so mag sie eine gewöhnliche Unterhaltung „albern“ finden und andere Kinder „dumm“, wenn sie ihre Worte nicht verstehen und bei ihren Ideen nicht mithalten können. Das könnte zu Schwierigkeiten in der Schule führen, weil solch eine Haltung – die eigentlich keine Arroganz ist, sondern vielmehr Schüchternheit und tiefe Unsicherheit – die Gegnerschaft sowohl ihrer Gleichaltrigen als auch ihrer Lehrer auf sich ziehen könnte, die das Gefühl haben, sie schaue auf sie herab und bemühe sich in keiner Weise, etwas zur Lernerfahrung der Gruppe beizutragen. Wenn sie sich wirklich bedroht fühlt, könnte sie einen überheblichen, aggressiven oder absichtlich provozierenden Sprachgebrauch an den Tag legen, um sich gegen die Kritik anderer zu verteidigen – nach dem Prinzip, dass Angriff die beste Verteidigung ist.

Vielleicht sieht sie in ihren Kommunikationsschwierigkeiten einen Hinweis darauf, dass sie eine völlige Versagerin ist. Deshalb sollten die Eltern sie dazu ermutigen, Themen und Hobbys zu finden, denen sie mit Freude und Zuversicht nachgehen kann. Fühlt sie sich bei einer bevorzugten Beschäftigung selbstsicher genug, so kann sie das von ihrer Angst davor heilen, auf der ganzen Linie zu versagen. Sie fürchtet sich sehr davor, sich in den Augen anderer zum Narren zu machen, und deshalb braucht sie sehr viel Unterstützung, Bestätigung und großzügiges Lob, wenn sie eine Sache gut gemacht hat. Sie neigt auch dazu, sich isoliert und einsam zu fühlen, und braucht unbedingt die Möglichkeit, ihre Gedanken mit wirklich interessierten Eltern und Familienmitgliedern zu teilen. Sie ist durchaus in der Lage, das Beste aus ihren intellektuellen Talenten und Fähigkeiten zu machen. Doch wenn sie nicht das Gefühl hat, dass die Menschen in ihrer Nähe sie unterstützen, könnte sie ihre Verletztheit und Wut leicht unterdrücken und unbewusst ihre eigenen Bemühungen sabotieren – denn schließlich ist es sicherer, für dumm und inkompetent gehalten zu werden, als eine Demütigung zu riskieren, indem man etwas versucht und dabei einen Fehlschlag erlebt.

Hinter diesen sehr persönlichen Verteidigungsmechanismen steht die enorme Bedeutung, die Lernen und Kommunikation für ihre zukünftige Entwicklung haben werden, und hier liegt auch die eigentliche Ursache ihrer Angst. Wenn die Eltern diese Angst so verstehen, dann haben sie damit den Schlüssel zu einem kreativen Umgang mit ihren Befürchtungen, die sie durch Zorn oder Enttäuschtheit nur verschlimmern würden. Die Welt des Geistes ist etwas zutiefst Geheimnisvolles für sie und könnte ihr im Laufe ihrer Entwicklung zu einem Quell der Freude und des Staunens werden. Doch das Thema Lernen und Kommunikation beinhaltet auch ein fundamentales menschliches Dilemma: Je mehr wir zu verstehen und unser Wissen mitzuteilen versuchen, desto mehr sind wir dem geistigen Einfluss anderer ausgesetzt – und desto weniger haben wir die Dinge selbst im Griff. Das geschriebene Wort vermag mehr als das Schwert, wie man sagt, und instinktiv weiß sie um die Macht, die Worte, Gedanken und Ideen über das Leben der Menschen ausüben können.

Falls die Wertvorstellungen innerhalb der Familie die Bedeutung intellektueller Entwicklung nicht würdigen, müssen die Eltern diese Seite des Lebens vielleicht etwas mehr beachten, wenn sie ihr die Unterstützung geben wollen, die sie braucht. Ihre Einstellung zum Leben ist ernst und fragend, und deshalb braucht sie unbedingt geistige Nahrung, die anregender ist als Seifenopern nachmittags im Fernsehen und abends ein „heute gibt es Hühnchen“ aus der Küche. Wenn sie älter wird, mag sie banales oder oberflächliches Denken als störend und isolierend empfinden, denn ihre Wahrnehmung ist tiefgreifend, und ihre Ideen sind einfallsreich und originell, auch wenn sie manches davon nur schwer in Worte fassen kann. Möglicherweise neigt sie zeitweise auch zu nachdenklichem Schweigen, äußert sich stark phantasiebetont oder auf irgendwie merkwürdige Art und Weise. Ist dies der Fall, dann sollte man sie eher in ihrer natürlichen Ausdrucksweise bestärken, als sie mit anderen Kindern zu vergleichen, denn sie sehnt sich nach Anerkennung ihrer individuellen Wahrnehmungs- und Ausdrucksweise. Ihre Ängste werden nicht durch ihre häusliche Umgebung verursacht, sondern sind ein einzigartiges Merkmal ihrer individuellen Persönlichkeit. Doch je mehr man sie schätzt, desto sicherer und besser verstanden wird sie sich fühlen – und desto eher wird sie in der Lage sein, ihre Talente zu entwickeln und zu äußern, wenn sie älter wird.

V. Ausblick auf die Zukunft

1. Eine ganzheitliche Einstellung zu allem Wissen

Sie verwendet zwar ihre Kraft und Hingabe hauptsächlich auf andere Menschen, doch zugleich ist für sie auch die ganze weite Welt höchst interessant, und alles ist es wert, studiert zu werden,. Wenn sie älter wird, mag sie sich besonders den „großen“ sozialen oder politischen Fragen zuwenden, denn ihre geistigen Interessen werden nach immer umfassenderen Perspektiven verlangen. Ihr fragender Verstand und ihr Verlangen nach einer möglichst umfassenden Lebensanschauung machen sie wahrscheinlich zu einer energischen und lebhaften Schülerin, und mit ihrem Bedürfnis, anderen ihre Ideen mitzuteilen, passt sie gut in eine Klasse, in der Zeit für Diskussionen und Gespräche ist. Das Lernen ist vermutlich eine überaus positive Erfahrung für sie, allerdings mit einer möglichen Einschränkung: Sie könnte manche Fächer und Lehrer zu spezialisiert und engstirnig finden, und es mag ihr schwerfallen, vielbenutzte Ideen zu akzeptieren, die zwar allgemein anerkannt sein mögen, aber nicht mehr ganz auf der Höhe der Zeit sind. Da sie dazu in der Lage ist, sich einen bestimmten Gegenstand gründlich und sorgfältig, Schritt für Schritt zu erarbeiten, könnten sich Fächer wie Mathematik oder Physik als äußerst interessant für sie erweisen, Wie und warum die Dinge funktionieren, wird eine stets faszinierende Frage für sie sein. Doch sie will auch wissen, welche Verbindung zwischen bestimmten Tatsachen oder Vorstellungen und anderen Gegebenheiten oder Ideen bestehen. Wenn ihr ihre Schule einen solchen alles umfassenden Überblick nicht vermitteln kann, sind eine gute Enzyklopädie zu Hause sowie das Interesse und die

Bereitschaft der Eltern, alle möglichen Ideen mit ihr zu diskutieren unerlässlich, um diese Lücke zu füllen.

Sie besitzt einen ausgesprochen unabhängigen Verstand, und obwohl sie gerne lernt, mag es ihr doch schwerfallen, fremde Ideen zu akzeptieren, ohne sie vorher ausgiebig diskutieren zu können. Sie mag ein Leistungsniveau zeigen, das deutlich unterhalt ihrer erkennbaren Fähigkeiten liegt, und sie könnte sogar aktiv den Unterricht stören – vermutlich eine Reaktion auf die rigide oder monotone Art und Weise, in der ein bestimmtes Fach unterrichtet wird. Ermutigt man sie dazu, Ihren Studien auf ihre eigene Weise nachzugehen, wird sie meist zum richtigen Ergebnis kommen; ständige Überwachung und Einmischung dagegen könnten sie frustrieren und rebellisch machen.

Vor allem sollte man die umfassenden und fortschrittlichen Eigenschaften ihres Verstandes erkennen und unterstützen. Sie kann zwar ohne weiteres mit logischen Vorstellungen und Konzepten arbeiten, doch braucht sie auch die Möglichkeit zu spekulativem Denken. Je umfassender der Lehrplan ist und je flexibler die einzelnen Lehrer sind, desto glücklicher wird sie in der Schule sein. Außerschulische Aktivitäten, die das Lernen fördern – Vereine, Organisationen und zusätzliche Lehrgänge oder Kurse – könnten sich ebenfalls als hilfreich erweisen, und auch Reisen und der Kontakt mit anderen Kulturen und Sprachen würden ihre Neugier in Bezug auf das Leben und die Menschen inspirieren. Am hilfreichsten aber wäre ein aktives geistiges Leben innerhalb der Familie, das Lernerfahrungen und die Erforschung von Ideen ebenso respektiert wie die eher praktischen Seiten des Lebens.

2. Ein Mitglied der menschlichen Gemeinschaft

Je weiter sie die Kindheit hinter sich zurücklässt, desto mehr wird ihr visionärer Geist sie von den Einschränkungen einer einzigen Familie, einer einzigen Gemeinschaft und einer einzigen Denkweise entfernen und sie in ein ständig sich erweiterndes Reich des Wissens und der menschlichen Kontakte führen. Sie ist auf dem besten Wege, eine jener Weltbürgerinnen zu werden, deren Geist sich nicht auf ihren jeweiligen Hintergrund beschränkt und die immer nach größerem Wissen und tieferer Bewusstheit streben werden – auch wenn sie dazu bestimmte Menschen hinter sich zurücklassen muss. Ein solcher Weg mag nicht gerade einfach sein, und möglicherweise erlebt sie im Laufe ihrer Entwicklung tiefe Konflikte, wenn sie bestimmten Menschen, Orten und Ideen immer wieder entwächst. Doch früher oder später muss sie fortschreiten, und weder durch emotionalen noch durch materiellen Druck wird es gelingen, sie aufzuhalten.

Ihr Realismus, der sich in seiner ganzen Stärke und Ausdauer erst zeigen wird, wenn sie die Kindheit allmählich hinter sich zurücklässt, wird ihr immer helfen, mit beiden Beinen auf dem Boden zu bleiben. Daher wird sie sorgfältig über alle Veränderungen nachdenken, die sie im Hinblick auf ihre künftige Entwicklung vornehmen will. Sie besitzt ein starkes Verantwortungsgefühl anderen gegenüber und wird bei allem Fortschritt stets zu bewahren versuchen, was sie geschaffen hat. Ihr Bedürfnis, nützlich zu sein und einen wertvollen Beitrag für die Gesellschaft zu leisten, wird zusehends wichtiger werden, je erwachsener sie wird, und ihr Familiengefühl wird über die Bande der Blutsverwandtschaft hinaus all jene Menschen miteinschließen, die ihre Ziele und ihre intellektuellen oder spirituellen Vorstellungen teilen.

Besonders wichtig ist, dass der visionäre Geist in ihr eine echte Verbindung zur Zukunft besitzt – die nicht in der Vorhersage materieller Ereignisse besteht, sondern in ihrem tiefen Glauben an einen Fortschritt oder Evolutionsprozess, der sich überall um sie her abspielt. Obwohl sie ihre Ideen nicht in spirituellen oder esoterischen Begriffen äußern mag und den entsprechenden Antrieb in ihrem Inneren vielleicht noch nicht einmal bewusst erkennt, hat sie an der Schwelle zum Erwachsenenalter das tiefe Bedürfnis, an dieser Erfahrung des menschlichen Fortschritts teilzuhaben. Deshalb braucht sie ein Arbeitsgebiet, auf dem sie die Einstellungen und Denkweisen anderer verbessern, inspirieren oder transformieren kann. Wollten die Eltern versuchen, ihr Denken auf enge, familienbezogene Bahnen zu beschränken, so wäre dies nicht nur ein schwerer Fehler, sondern auch völlige Zeitverschwendung. Ein solcher Druck könnte sich leicht als Bumerang erweisen und sie schließlich dazu bringen, sich mehr und mehr von ihren Wurzeln zu entfernen. Doch je größere Toleranz und Aufgeschlossenheit innerhalb der Familie besteht, desto stärker wird sie diese Bande schätzen und bewahren. Dann wird sie auch die Menschen, die sie liebt, als Reisegefährten auf ihre Fahrt über die großen Ströme der menschlichen Evolution mitnehmen können.

Printed by Books on Demand GmbH, Norderstedt / Germany